ANNE DE RUSSIE

REINE DE FRANCE ET COMTESSE DE VALOIS

AU XIe SIÈCLE

PAR

LE VICOMTE DE CAIX DE SAINT-AYMOUR

DEUXIÈME ÉDITION

HONORÉ CHAMPION LIBRAIRE

9, QUAI VOLTAIRE, 9

1896

ANNE DE RUSSIE

REINE DE FRANCE

AU

XIe SIÈCLE

AVNE
ROY
HENRI I

ANNE DE RUSSIE

REINE DE FRANCE ET COMTESSE DE VALOIS

AU XIe SIÈCLE

PAR

LE VICOMTE DE CAIX DE SAINT-AYMOUR

DEUXIÈME ÉDITION

HONORÉ CHAMPION LIBRAIRE

9, QUAI VOLTAIRE, 9

1896

Un journal parisien, le *Gaulois*, publiait le 2 octobre 1893, à l'occasion de la visite des marins russes de l'amiral Avelane, les lignes suivantes :

« Un de nos lecteurs nous fait part d'une ingénieuse et touchante idée bien faite pour raviver les souvenirs communs à la France et à la Russie.

« Au XIe siècle, — ce n'est pas hier, —

une princesse russe vint régner sur nos ancêtres en épousant leur Roi. Jaroslaff maria sa fille Anne au roi de France Henri Ier. La princesse appartenait au rite grec et Jaroslaff exigea que sa fille eût aumônier et chapelle de son culte. La reine fut inhumée non loin de Senlis, et la tombe est encore visible.

« Ne serait-ce pas d'un joli sentiment qu'un pèlerinage franco-russe sur cette tombe, où repose la Reine dont le mariage fut la première manifestation de la sympathie qui existe entre les deux grandes nations ? »

Nous n'étonnerons personne en disant que le pèlerinage proposé n'a pu avoir lieu. Nos hôtes moscovites, submergés dans le patriotique enthousiasme qui les a partout accompagnés pendant leur séjour en France, harassés de fatigue par toutes les réceptions et toutes les fêtes où l'on se disputait leur présence, n'eussent certainement pas trouvé la demi-journée nécessaire à la visite du tombeau de leur princesse. Mais il y avait, à cette visite, une autre impossibilité plus radicale encore : c'est que la sépulture de la reine Anne de Russie — qui n'a jamais existé à Senlis ou dans ses environs — a, depuis longtemps disparu du lieu où on avait cru la découvrir au XVIIe siècle.

Cette erreur n'est pas la seule, d'ailleurs, que contiennent les quelques lignes que nous venons de citer, et l'histoire de la fille de Iaroslav est peu connue. Le seul travail dont elle a été l'objet, en langue française, est le *Recueil de Pièces historiques* publié à Paris en 1829, par le prince A. Labanoff de Rostoff (1). Le présent opuscule, dont la substance a paru dans la *Revue hebdomadaire*

(1) Nous reproduisons le nom tel qu'il est imprimé dans ce recueil.

du 4 novembre 1893, sous le titre : *Une princesse russe, reine de France au* XIe *siècle*, a été, à la même époque, tiré à part à un très petit nombre d'exemplaires, rapidement épuisés.

L'occasion nous a semblé favorable pour réimprimer cette modeste étude. Ce sera, pour nous, une façon de rendre hommage aux augustes souverains qui, au moment où ce petit volume paraîtra, seront les hôtes de la France, et de montrer en même temps, que l'histoire et l'archéologie ne sont pas toujours aussi dépourvues d'actualité que les ignorants le veulent bien dire.

Nous rattacherons le présent au passé en parlant de cette autre « alliance russe » qui unit, il y a plus de neuf cents ans, un de nos premiers rois capétiens à une fille du sang de Rurik et qui fit reine de France une princesse moscovite.

Ce mariage est encore aujourd'hui le seul lien de ce genre qui ait existé entre la France et la Russie, et c'est à son occasion que, pour la première fois, nos annales nationales font mention de nos nouveaux alliés.

Il nous a donc paru intéressant de ressusciter la figure de cette princesse russe, reine de France au XIe siècle. Tous les biographes qui ont parlé d'elle ont, à l'envi, commis des erreurs grossières, qu'une étude plus approfondie, d'après des documents spéciaux, nous permettra de rectifier. Sa vie, du reste, n'est pas dépourvue d'un certain attrait romanesque qui nous fera peut-être pardonner par nos lecteurs la partie purement documentaire de ce travail.

I

Sous l'influence des terréurs suscitées par l'an Mille, que la superstition populaire avait depuis longtemps considéré comme la date fatale de la fin du monde et du Jugement dernier, le XIe siècle s'était ouvert dans une recrudescence de piété et de soumission à l'Église qui se perpétua, même après que l'événement eut donné tort aux trembleurs. On pensait, en effet, que quelque erreur de calcul avait pu se glisser dans le comput des années et des siècles, et il fallut bien longtemps encore pour que le Millénaire du Christ cessât de peser comme un cauchemar sur la chrétienté occidentale.

L'Église profita très habilement de cette circonstance pour étendre son action et pour augmenter son pouvoir sur cette société à demi-barbare, dont elle était d'ailleurs, il faut l'avouer en toute sincérité, la principale force moralisatrice ; et le Pape et les Évêques saisirent avec empressement cette occasion de réprimer certains abus que toléraient alors les lois civiles.

Parmi ces abus, un des plus criants était la facilité avec laquelle les princes et les souverains, ne considérant que leur bon plaisir et les avantages que cela leur procurait pour conserver ou agrandir leurs domaines familiaux, prenaient pour femmes leurs parentes les plus proches, sans se soucier des inconvénients de tout genre qui pouvaient en résulter.

L'Église usa donc, avec beaucoup de raison, de l'influence dont elle disposait pour réprimer les mariages consanguins.

Mais comme, en matière de réformes, il est souvent difficile de garder la juste mesure, le clergé en arriva peu à peu à interdire ces mariages jusqu'au septième degré de parenté. Il considérait comme incestueuses toutes les unions plus rapprochées, même entre simples alliés, assimilés dès lors aux parents du sang. Il en résultait que les grands, qui étaient presque tous parents ou alliés au degré prohibé, ne savaient plus où prendre femme et, suivant l'expression naïve du bon Mézerai, « la défense des mariages jusqu'au septième degré, embarrassait extrêmement l'onzième et douzième siècles. »

Mais ce n'était pas là le seul inconvénient

qui se produisait. Sous prétexte d'examiner la validité des mariages princiers, les Papes intervenaient sans cesse dans les affaires temporelles des Rois, et, comme le dit très bien Henri Martin, « en exagérant au-delà de toute raison un principe d'honnêteté publique, on en avait fait une cause de désorganisation sociale. »

Il y avait là un véritable péril, surtout pour les dynasties nouvelles et les nationalités en formation.

On connaît tous les déboires qu'eut à supporter le roi Robert, par suite de son mariage avec sa cousine au quatrième degré, Berthe, fille de Conrad le Pacifique, roi de Provence, et veuve du comte de Blois, Eudes Ier. Excommunié par le pape Grégoire V, en 996, il avait résisté pendant six ans aux foudres ecclésiastiques. Mais, forcé enfin de se soumettre, il était sorti de cette lutte inégale amoindri, humilié et dépouillé d'une partie du prestige si nécessaire pourtant à sa jeune royauté.

Ce faible prince étant mort au château de Melun, le 20 juillet 1031, son fils Henri, premier du nom, lui succéda. Témoin de tous les affronts dont avait été abreuvé son père, de tous les tourments qu'il avait supportés, le nouveau roi était, plus que personne, disposé à se soumettre aux exigences de l'Église.

Aussi, lorsqu'il perdit, en 1044, son épouse Mathilde, fille de l'empereur Henri II, qui ne lui avait pas donné d'enfants mâles, hésita-t-il longtemps à la remplacer. La difficulté de trouver une femme qui ne lui fût pas apparentée à un degré prohibé était encore augmentée pour lui par ce premier mariage, qui lui fermait la cour de presque tous les princes de Germanie ; car, comme nous venons de le dire, l'alliance était assimilée à la parenté, et toutes les filles, parentes jusqu'au septième degré de la reine défunte, étaient interdites à son époux survivant.

Henri cherchait donc vainement depuis plusieurs années le moyen de concilier le respect des exigences canoniques avec le désir qu'il avait de consolider la jeune dynastie capétienne par une union plus féconde que la première, lorsqu'il entendit vanter la beauté d'une jeune princesse dont le père régnait à l'autre extrémité de l'Europe, tout aux confins de l'empire de Bysance. L'éloignement de ce pays, son isolement qui le faisait quelque peu mystérieux et presque inconnu aux peuples de l'Occident latin, semblaient donner toute certitude à Henri que la fille de ce souverain ne pouvait avoir avec lui aucune espèce de parenté, di-

HENRICVS GRATIA DEI FRANCORVM REX
HENRI I ROY DE FRANCE

recte ou indirecte, et qu'il échapperait par cette union, non seulement aux censures ecclésiastiques, mais encorc à toute ingérence du clergé dans ses affaires.

II

Anne — tel était le nom de la princesse dont il s'agit — semblait, d'ailleurs, digne en tous points de devenir la compagne du petit-fils de Huges-Capet (1).

(1) Certains recueils biographiques, trouvant invraisemblable l'union d'un roi de France avec une princesse d'un pays si éloigné, mettent en doute l'origine de la reine Anne et vont jusqu'à émettre l'hypothèse que la femme d'Henri Ier appartenait aux Russes ou Ruthéniens d'Aquitaine dont il est question dans nos anciennes annales et dont le nom se trouve dans César (de bell. Gall. I, 45), qui les place dans le Rouergue, aux environs de Rodez. Nous ne croyons pas utile de discuter cette opinion, pas plus que celle qui fait d'Anne une dame de la maison de Roucy. Les documents authentiques que nous citerons au cours de cette étude, nous dispensent de nous arrêter à la réfutation de ce calembourg fantaisiste.

Elle était fille de Iaroslav Vladimirovitch, grand-duc ou plutôt grand-prince (velikii kniaz) des Ruthènes ou Russes, qu'un historien appelle (1) le *Charlemagne* de la Russie, et dont les exploits contre Boleslas, roi ou duc de Pologne, avaient porté le nom jusqu'aux confins de l'Occident. Son aïeul, Vladimir le Grand, s'était élevé à un haut degré de puissance, et, en introduisant le christianisme parmi ses peuples, en 988, il leur avait fait prendre place au milieu des nations civilisées. Sa mère, Ingegerde, était la fille d'Olaüs, roi de Norwège, surnommé Skotkonung. Sa tante paternelle, Marie dite Dobrogneva, avait épousé en 1043, à Cracovie, Casimir Ier, élevé sur le trône de Pologne après avoir été en France moine de Cluny, où il avait passé plusieurs années d'exil et reçu le diaconat.

(1) A. Rambaud : *Histoire de Russie*, Paris, Hachette, 1860.

Parmi les frères d'Anne, l'aîné avait pris pour femme la fille de Harold, le dernier roi d'Angleterre de la race saxonne, si connu par la triste destinée qui le fit succomber sous les coups de Guillaume le Conquérant. Le troisième s'était allié à une comtesse de Stadt, sœur de Burchard, évêque et prince de Trèves. Enfin, le quatrième devait devenir le gendre de Constantin XII Monomaque, empereur de Bysance. Quant aux filles de Iaroslav, il avait donné l'aînée au roi de Norwège Harold, et la troisième à André, roi de Hongrie. Ces multiples alliances qui s'étendaient depuis la Cour de Bysance jusqu'à celle d'Angleterre, faisaient de la jeune princesse Anne, seconde fille de Iaroslav, un parti tout à fait sortable pour l'héritier de la couronne capétienne.

D'ailleurs, il ne faudrait pas se méprendre

sur la puissance et la richesse de la Russie — ou tout au moins du grand-duché de Kiev qui en était alors la tête et le cœur — à l'époque dont nous parlons. Ce serait une erreur profonde de croire, parce que jusque-là nous n'en trouvons aucune mention dans nos annales, que ce pays était encore la contrée semi-barbare, divisée entre des tribus indépendantes et hostiles les unes aux autres, que l'histoire nous montre jusqu'au VIIIe siècle. Au contraire, sous l'influence d'un chef de génie, Rurik, et de ses successeurs, la Russie méridionale avait pris une place considérable en Orient. Au temps de Iaroslav, la principauté dont Kiev était la capitale était déjà une monarchie plus unie, plus vaste et peut-être plus puissante que la France royale. Ses peuples avaient reçu des Grecs un commencement de civilisation; plusieurs fois ils avaient porté leurs armes victorieuses jusqu'aux portes de Constantinople, et s'étaient enrichis des dépouilles de Bysance qu'ils avaient obligée à leur acheter la paix. Quand ils ne lui faisaient pas la guerre pour leur propre compte, ils louaient, à beaux deniers, des mercenaires à ses empereurs, et enfin, dans les intervalles où ils ne trouvaient pas l'occasion de guerroyer pour elle ou contre elle, ils entretenaient un commerce lucratif avec ses négociants.

La ville de Kiev elle-même était le rendez-vous des marchands hollandais, hongrois, allemands, scandinaves, qui y avaient tous leurs quartiers séparés. Les artistes grecs ornaient avec splendeur ses palais et ses quatre cents églises, et un chroniqueur contemporain, Adam de Brême, l'appelait « l'émule de Constantinople et la gloire de la Grèce. »

Si la France du commencement du IXe siècle, avait un idéal plus relevé, des foyers de civilisation plus nombreux, et semblait devoir marcher plus vite dans la voie du progrès matériel et moral, elle pouvait néanmoins, sans déchoir, prendre une reine en Russie, surtout lorsque cette reine devait, comme ce fut sans doute le cas pour la fille de Iaroslav, apporter à son époux une dot considérable en beaux sous d'or, frappés à Bysance.

III

La question confessionnelle n'était pas non plus un obstacle à ce mariage et, puisqu'on a prétendu que Anne de Russie était arrivée en France pratiquant la religion schismatique et qu'elle avait continué à suivre le rite grec, même après être devenue reine de France, c'est ici le lieu d'examiner le plus ou moins de vraisemblance de ces affirmations.

Avant tout, il nous faut voir quel était

l'état religieux de la Russie méridionale au moment où Henri Ier se résolut à aller chercher femme sur les bords du Dniéper.

Comme nous l'avons dit déjà, c'est le grand-père d'Anne de Russie, Wladimir-le-Grand — saint Wladimir, pour l'Eglise grecque orthodoxe — qui imposa le christianisme à ses sujets, en 988. Jusque-là, des missionnaires de Bysance avaient bien tenté de convertir les Russes; il avaient réussi à baptiser la reine Olga, grand'mère de Wladimir, et ils avaient même sans doute créé une petite chrétienté et un évêché à Kiev (1); mais ces commencements de christianisation étaient restés vains et, sous le règne de Sviatoslav (964-972), fils d'Olga et père de Wladimir, la barbarie du prince et des

(1) Voir sur cette question : Alf. Rambaud : *Histoire de Russie*, Paris, Hachette, 1878, chap. IV. V. aussi Boissard : *Histoire de l'Eglise russe*, Paris, 1867; A. Leroy-Beaulieu : *L'Empire des Tzars*, Tome III, Paris, 1889.

guerriers farouches qui composaient sa *droujina* (1), s'était opposée victorieusement aux progrès de la prédication chrétienne.

Il n'en fut plus de même lorsque Wladimir, ayant réuni sous son sceptre, par le massacre de ses frères, toutes les provinces possédées par son père, se fut décidé, après une jeunesse li rée à des passions sans frein, à embrasser le christianisme et à l'imposer à son peuple. Tout céda devant la volonté du monarque qui mettait au service de son prosélytisme politique la puissance incontestée que lui avaient donné ses exploits guerriers. Par suite d'une plus grande proximité des deux pays et peut-être aussi à cause d'une certaine analogie dans les préoccupa-

(1) On appelait ainsi l'assemblée des compagnons du prince, ses fidèles, ses conseillers, ses *hommes*, ses *droujinniki*. Ce dernier nom correspond donc très exactement aux *antrustions* de nos rois mérovingiens et la *droujina* slave à la *truste* franque.

tions religieuses, Wladimir le Baptiseur (1) s'adressa tout naturellement aux Grecs de Bysance, et c'est à eux qu'il demanda d'achever, avec son aide, l'œuvre qu'ils avaient timidement commencée déjà, dès le temps de sa grand'mère, « sainte Olga. »

La séparation n'était pas alors consommée entre les Eglises d'Orient et d'Occident. Malgré des dissidences très sérieuses amenant çà et là des schismes partiels, le fossé n'était pas complètement creusé entre les deux confessions. Ce n'est que plusieurs années après le mariage d'Anne de Russie, qu'eut lieu la rupture définitive, à la suite des anathèmes lancés par le pape Léon IX,

(1) Il prit, lors de sa conversion, le nom de Basile, de même que son fils Iaroslav s'appelait Georges devant l'Eglise. Cette coutume de prendre ainsi, à côté du nom slave, un nom de saint grec, a été cause de nombreuses confusions chez les chroniqueurs.

le 16 juillet 1054, contre Michel Cerularius, patriarche de Constantinople. Soixante-six ans auparavant, l'adoption du rite grec par Wladimir-le-Grand, se traduisait surtout pour les Russes par l'usage d'une langue d'église — le slavon liturgique — qui se confondait presque avec l'idiome national, et par certaines différences d'interprétation des conciles qui ne constituaient pas de schisme au sens canonique, et qui ne pouvaient, par conséquent, empêcher l'union d'une princesse kiévite avec un prince français.

Si telle n'avait pas été la vraie situation, le mariage désiré par Henri Ier serait devenu tout à fait impossible, ou bien cette union aurait subi de la part de l'Eglise romaine une résistance ayant très certainement laissé quelque trace, sous forme d'excommunication ou de censure. Ce que nous avons dit plus haut de la position réciproque du pouvoir civil et de la puissance ecclésiastique au XIe siècle s'applique encore mieux ici et ne permet pas d'admettre un mariage mixte, dans cette période d'intolérance et de soumission absolue du civil au religieux, en tout ce qui regardait le statut personnel. C'est donc tout à fait à tort qu'on a dit que Iaroslav avait exigé que sa fille eût un aumônier et une chapelle de son culte; elle n'en eut jamais d'autre que celui de son époux, et ne s'aperçut probablement même pas qu'on lui chantait la messe en latin au lieu de la lui psalmodier en slavon. Elle avait, du reste, parmi ses proches, un exemple d'un mariage tout semblable, celui de sa tante paternelle Marie, épouse de Casimir, roi de Pologne, qui appartenait au rite latin.

Tous les actes de la reine viennent, d'ailleurs, à l'appui de ce que nous avançons. Le vœu dont nous aurons à reparler et auquel nous devons l'abbaye de Saint-Vincent, ses libéralités à d'autres monastères, indiquent la parfaite pureté de sa foi catholique romaine. Mais il y a plus : nous possédons une lettre adressée personnellement à la reine Anne, par le pape Nicolas II en 1059, c'est-à-dire cinq ans après la séparation définitive des Grecs et des Latins, lettre pleine d'éloges sur sa foi, sa piété, sa bienfaisance et toutes les vertus avec lesquelles elle « remplissait la dignité royale (1). » Il ne peut donc y avoir aucun doute et nous n'insisterons pas plus longtemps sur cette question, qui nous paraît absolument tranchée par les faits. Revenant en arrière, nous reprenons maintenant la biographie de la princesse au point où nous l'avons laissée.

(1) Cette lettre se trouve dans le *Recueil des Historiens de France*, T. XI, page 653.

IV

Ayant résolu de demander la main de la fille de Iaroslav, le roi Henri Ier chargea de cette mission Gauthier Saveyr (le Sage ou le Savant), évêque de Meaux, et Goscelin de Chalignac, auxquels il adjoignit plusieurs autres grands du royaume (1). Partis au

(1) Cfr. D. Toussaint du Plessis : *Hist. de l'Eglise de Meaux*, Tome I, p. 107. Paris, 1731, in-4°; et *Spicilège* de d'Achery, T. II, p. 475. — D'après les Bollandistes (*Acta Sanctorum*, Mars, Tome II, p. 15), c'est Roger, évêque de Châlons-sur-Marne, qui aurait été envoyé en Russie. Les auteurs de la *Gallia christiana*, Tome IX, p. 873, tranchent la question en émettant une hypothèse très plausible, d'après laquelle Roger aurait été adjoint à la mission de Gauthier Savoyr et de Goscelin de Chalignac.

commencement de l'année 1048, les ambassadeurs revinrent avec la princesse en 1049, et le mariage fut célébré à Reims le 14 mai de la même année, jour de la Pentecôte.

Anne de Russie, née en 1024, avait alors vingt-cinq ans. Nous avons dit qu'elle était d'une beauté remarquable; elle appartenait, de plus, à une race féconde, et tout permettait d'espérer qu'elle ferait reverdir sans retard le jeune tronc capétien. Un temps assez long s'écoula cependant sans que cet espoir se réalisât, et l'inquiétude commença à s'emparer de la jeune reine.

Les historiens, se copiant les uns les autres, ont dit et répété qu'Anne de Russie était restée huit ans stérile. C'est là une erreur que détruit le rapprochement des dates certaines que nous possédons.

Nous venons de voir qu'elle s'était mariée le 14 mai 1049; ceci paraît indiscutable, puisque ce mariage eut lieu le même jour que la consécration de saint Lietbert, évêque de Cambray (1).

Tous les historiens sont d'accord sur la concordance de ces deux évènements, mais ils diffèrent entre eux sur l'année pendant laquelle ces évènements eurent lieu. Et pourtant, si la date du 14 mai est certaine, elle nous donne, d'une manière formelle, celle de l'année. En effet, l'année 1049 est la seule de toute cette période où Pâques tombe le 26 mars et par conséquent la Pentecôte le 14 mai. Pour trouver la Pentecôte fixée à ce même jour, il faut remonter à l'an 1038 ou descendre jusqu'à 1060 (2).

Nous savons de plus que, de son mariage, la reine eut trois fils : Philippe, qui régna

(1) *Actes de saint Lietbert;* Cfr. JEAN LE CARPENTIER : *Histoire de Cambray,* Leide, 1664, Tome I, p. 346, 347. — *Gall. Christ.*, T. XII, p. 242, place cet événement en 1051.

(2) *Art de vérifier les dates*, au Calendrier perpétuel.

après son père (1) ; Robert, qui mourut jeune (2), et Hugues-le-Grand, plus tard comte de Crépy et chef de la branche royale de Vermandois. Or, il résulte d'une charte, en date du 12 juillet 1058, dans laquelle ces jeunes princes sont cités avec leur mère (3), qu'ils étaient nés tous les trois à cette époque, et Philippe Ier ayant été sacré du vivant de son père, le 29 mai 1059, en présence de sa mère, il est probable qu'on attendit pour cette cérémonie, qu'il fut au moins sorti de la première enfance.

On voit donc les impossibilités auxquelles

(1) D'après la légende, Philippe reçut ce nom de forme grecque, — qui devait se perpétuer dans sa race jusqu'à nos jours, — en mémoire de l'origine supposée des ancêtres de sa mère. Vladimir, père de Iaroslav et grand-père d'Anne de Russie, avait, en effet, lors de sa conversion en 988, épousé la fille de Romanus II, empereur d'Orient, lequel se prétendait issu de Philippe de Macédoine.

(2) Mais postérieurement à 1063, puisqu'il est nommé dans la charte de cette année dont nous parlons plus loin,

(3) *Recueil des Historiens de France*, T. XI, p. 600.

on se heurte en adoptant cette légende des huit années de stérilité de la reine Anne, puisque cette princesse, mariée très certainement en 1049, ne pourrait alors avoir eu son fils aîné Philippe qu'en 1057. Certains auteurs semblent avoir voulu, pour faire disparaître ces invraisemblances, avancer la date du mariage. Mezerai et Anseaume le placent en 1036 ; Blondel, en 1044 ; les frères de Sainte-Marthe, au contraire, bien mal inspirés, le reportent à 1051. Mais, ainsi que nous le disons plus haut, cet acte a une date certaine, et eut lieu le 14 mai 1049.

Vraisemblablement, la grossesse de la reine se fit attendre quelque temps (1) ; le couple royal s'en effraya et Anne de Russie fit

(1) A défaut d'autres documents, nous trouverions la preuve de ces retards, des craintes qu'ils durent inspirer à la reine et du vœu qui s'ensuivit, dans ce passage de la lettre du pape Nicolas, citée plus haut : « Tu autem. gloriosa filia, quia fœcunditatis donum *divinitus* meruisti, sic clarissimam instrue sobolem... »

à Dieu le vœu de construire et de doter un monastère, si elle avait le bonheur de donner le jour à un fils. Puis, plusieurs enfants survenant ensuite coup sur coup, plus vite peut-être qu'il l'eût désiré, Henri Ier, en naïf croyant qu'il était, — tenté de mesurer au service rendu la récompense promise, — trouva sans doute celle-ci disproportionnée, et s'opposa tant qu'il vécut à l'exécution du vœu de sa femme. Nous aurions donc ainsi en même temps l'explication des retards et des obstacles opposés à l'exécution de la promesse de la reine, malgré ses pressantes instances.

Ce qu'il y a de bien certain, c'est que, tant que vécut son époux, il fut impossible à Anne de s'acquitter. Cela n'altéra en rien, du reste, les bonnes relations du ménage royal, et nous possédons plusieurs pièces signées par Henri Ier, dans lesquelles la reine intervient de la manière la plus honorable.

Le 12 juillet 1058, elle paraît dans un diplôme donné par Henri au monastère de Saint-Maur-des-Fossés (1).

Le 5 août de la même année, elle confirme la charte donnée par son époux en faveur de l'abbaye de Hasnon (2).

Le 29 mai 1059, elle assiste, comme nous l'avons vu, au sacre de son fils aîné à Reims, ainsi que l'indique une pièce donnée ce même jour en faveur du monastère de Tournus (3).

La même année encore, elle confirme la charte autorisant Hugues, un des gardes du roi, à céder l'église de Sainte-Marie, dite *Villa-Mile*, aux moines de l'abbaye de Coulombs (4).

(1) *Recueil des Historiens de France*, T. XI, p. 600.

(2) Le Carpentier : *Histoire de Cambray*, Preuves, p. 7. Leyde 1664, 2 vol. in-4.

(3) *Recueil des Historiens de France*, T. XI, p. 600

(4) *Recueil des Historiens de France*, T. XI, p. 604.

En 1060, elle confirme également un diplôme donné par son époux au monastère de Saint-Martin des Champs (1).

On prétend même qu'Henri avait voulu confier éventuellement la régence du royaume à sa femme, et que c'est sur le refus formel de celle-ci, qu'il la donna à son beau-frère, Beaudoin V, comte de Flandre.

Quoi qu'il en soit de ce refus, les circonstances devaient bientôt donner raison aux sages prévisions du Roi. Henri Ier mourut, en effet, à Vitry-aux-Loges, près d'Orléans (2), le 4 août 1060. Si sa veuve ne prit pas alors les rênes du gouvernement, elle conserva tout au moins la tutelle et la garde du jeune roi et de ses autres enfants, et elle se retira immédiatement avec eux au château de Sen-

(1) *Gallia christiana*, T. VII, Preuves, col. 32.

(2) V. Quicherat : *Mém. de la Soc. archéol. de l'Orléanais*, Tome III, — et article de M. P. L. dans *Journal du Loiret*, du 23 novembre 1893.

lis, vieille ville royale que sa proximité de Paris, la loyauté de ses habitants pour leurs souverains et les belles forêts qui l'entouraient de toutes parts, avaient suffisamment désignée à sa maternelle prévoyance.

On connaît une charte donnée en ce lieu par Philippe Ier, en faveur du monastère de Saint-Lucien de Beauvais, exemptant cette abbaye de toutes les redevances que les rois, ses prédécesseurs, avaient coutume de tirer des villages de Cinqueux, Rosóy et Verderonne, appartenant aux moines, et les déchargeant de tous droits sur le travers de l'Authie. Cette charte est souscrite par la reine Anne, par Robert, frère du roi, par les comtes Guillaume, Raoul et Beaudoin, et par Frolland, évêque de Senlis (1).

(1) Manuscrit d'Afforty, XIII, 353. (à la Bibliothèque Municipale de Senlis). — *Collection de Picardie*, Tome 198, etc.

V

Anne aimait beaucoup ce séjour de Senlis, nous dit un vieux manuscrit (1), « tant par la bonté de l'air qu'on y respire, que pour les agréables divertissements de la chasse, à laquelle elle prenait un singulier plaisir. »

Peut-être aussi avait-elle déjà choisi ce lieu pour y réaliser enfin le vœu qu'elle avait

(1) Manuscrit de *Nicolas Quesnel,* sous-prieur de Saint-Vincent vers 1670, cité par l'abbé MAGNE : *Notice sur l'Abbaye de Saint-Vincent,* in-8. Beauvais et Paris (1860).

fait autrefois de construire un monastère, vœu qu'elle avait résolu d'accomplir sans retard, maintenant qu'elle était libre d'y consacrer, tant ses biens propres, que ceux qu'elle tenait de la munificence de son époux.

Il existait précisément à Senlis, au faubourg de Vietel ou Vitel, une petite chapelle « ruinée de vieillesse et réduite en masure », placée sous le vocable de Saint-Vincent. Autour de cette chapelle s'étendait un vaste pré, appelé le Pré-du-Roi, qui sous le nom d' « aleu royal » constituait un domaine particulier relevant directement du souverain. En établissant son abbaye sur ce terrain, avec la permission de Philippe Ier, son fils, Anne l'affranchissait, par là même, de toute autre juridiction temporelle que celle du roi lui-même.

La charte de fondation, donnée en 1060,

nous est connue par un vidimus de Philippe Ier, qui ne peut être antérieur à 1071, car ce n'est qu'en cette année que le jeune roi épousa Berthe de Hollande, qui paraît dans cette charte (1).

La reine, installée à Senlis avec ses enfants, hâta les travaux le plus possible et, dès le 29 octobre 1065, la consécration de l'église put avoir lieu.

« Cette église était construite en forme de croix, flanquée d'un côté d'une haute tour, pour y suspendre les cloches, et de l'autre, à sçavoir du côté du midi, d'un cloître, des offices et des demeures nécessaires pour les serviteurs de Dieu qu'elle voulait y établir. »

Elle fut dédiée en l'honneur de la Sainte-Trinité, de Notre-Dame, de saint Vincent et de saint Jean-Baptiste, née d'une mère âgée

(1) *Gallia christiana*, T. X, Preuves, col. 204.

ABBAYE DE SAINT-VINCENT, à Senlis (d'après une photographie de M. E. de Roczysky).

et jusque-là stérile, laquelle s'appelait Anne, comme la pieuse fondatrice. Seul, néanmoins, le nom de saint Vincent, ancien patron de la petite chapelle, prévalut, et, par une trop rare bonne fortune, la belle église édifiée par la munificence de la veuve de Henri Ier élève encore dans les airs son élégant clocher dont l'ogive timide, « avec son archivolte garnie de têtes de clous et de figures grimaçantes (1) », accuse bien l'époque de transition à laquelle elle a été construite.

Le monastère terminé, Anne y appela des chanoines réguliers de l'ordre de Saint-Augustin et l'abbaye, ainsi constituée, ne fut supprimée qu'à la Révolution.

Jusqu'à cette époque, si voisine de la

(1) Magne : *Notice sur l'Abbaye de Saint-Vincent,* Beauvais, 1860, in-8, à laquelle nous renvoyons le lecteur qui serait curieux de suivre plus loin l'histoire de notre beau monastère senlisien.

nôtre, le souvenir de la reine Anne de Russie, fondatrice de leur maison, resta vivant dans le cœur des chanoines de Saint-Vincent. Chaque année, ils célébraient « un obit solennel » au jour du décès de leur bienfaitrice, qui était le lendemain de l'octave de Saint-Augustin ; et pour que les malheureux eussent leur part de la fête donnée en souvenir de la bonne Reine, l'abbé offrait à dîner, après la messe, à treize pauvres femmes veuves.

La charte de fondation de Saint-Vincent, charte que nous avons rappelée plus haut, n'est pas la seule pièce dans laquelle nous voyons figurer son nom pendant les trois années qui suivirent la mort de son époux.

Nous la retrouvons dans un diplôme de 1060, donnée au monastère de Tournus (1),

(1) Chifflet : *Histoire de l'Abbaye de Tournus*, Dijon, 1664, in-4°, Preuves, p. 316.

puis dans un autre diplôme de la même année en faveur de l'abbaye de St-Denis (1). Le 14 mai 1061, elle intervient dans un acte concernant le couvent de Saint-Nicaise de Reims (2), puis le 27 du même mois, dans la charte de fondation de l'église Saint-Adrien de Béthisy (3). Son nom est encore cité sous cette forme : *Philippus cum regina matre sua,* dans un vidimus de 1062, concernant un diplôme donné en 1059 au monastère de Saint-Pierre de Chartres (4).

Enfin, un dernier diplôme de 1063 (5) concernant le don des deux autels de Per-

(1) *Archives nation.*, K, 37, et DOUBLET : *Hist. de l'abbaye de Saint-Denis*. Paris, 1625, 2 vol. in-4°. — Cette pièce, datée de Senlis, est une confirmation par Philippe Ier, de la cession que sa tante paternelle Adèle fait à Saint-Denis du village de Courteuil en Parisis.

(2) MARLOT : *Historia Remensis metropolis,* T. I, p. 619. Reims (1679), 2 vol. in-folio.

(3) P. LOUVET : *Histoire de Beauvais,* Rouen (1614), in-4°, p. 444.

(4) *Recueil des Historiens de France,* tome XI, p. 602.

(5) Conservé dans la *Collection de Picardie,* à la Bibliothèque

nant (1) et de la Colombe (2), à l'abbaye de Saint-Crépin-le-Grand, de Soissons, nous fournit une particularité unique dans la diplomatique française — la signature autographe en caractères slavons de la reine Anne de Russie. Nous aurons à y revenir.

Nationale, vol. 294, pièce 38. — Signalé d'abord dans une Thèse manuscrite de l'Ecole des Chartes par M. Soehnée et publié par M. C. Couderc, dans *La Russie* (Paris, Larousse, in-8, 1892), p. 474.

(1) Pernant, canton de Vic-sur-Aisne (Aisne).

(2) Ferme dépendant de la commune de Jouy, canton de Wailly (Aisne).

VI

Cependant, l'accomplissement de ses devoirs de mère et l'exécution de son pieux dessein, la fondation de l'abbaye de Saint-Vincent, n'absorbait pas tellement la reine qu'elle ne pût prendre quelques distractions purement mondaines. Parmi ces distractions, la promenade et la chasse dans les belles forêts qui entouraient sa résidence, tenaient la première place. Tous les seigneurs du voisinage venaient aussi lui faire leur cour ainsi qu'au jeune roi ; et plus d'un, parmi eux, apportait ses hommages, non seulement à la reine, mais aussi à la femme. Il ne faut pas oublier, en effet, qu'Anne de Russie n'avait, à la mort de son époux, que trente-cinq ou trente-six ans, qu'elle était renommée pour sa beauté, et que, chez beaucoup de femmes de son pays, cet âge est celui du plus complet épanouissement de leurs charmes.

Parmi les seigneurs qui se trouvaient ainsi attirés le plus assidûment à Senlis, était Raoul III, dit le Grand, comte de Crépy et de Valois, du Vexin, d'Amiens, de Bar-sur-Aube, de Vitry, de Péronne et de Montdidier. Ce prince, descendant de Charlemagne, par Hildegarde, dame de Crépy, était, nous dit l'historien du Valois, « l'un des plus puissants seigneurs et des plus absolus qui aient existé en France... » ; il

« ne reconnaissait de puissance au-dessus de la sienne que celle qu'il pouvait faire servir à l'accomplissement de ses desseins », et « il ne craignait ni les armes du roi, ni les censures de l'Eglise... »

Plus âgé que la reine de quelques années, Raoul avait eu déjà deux femmes : Adèle ou Alix, fille de Nautcher, comte de Bar-sur-Aube, qui lui avait laissé en mourant, en 1053, avec deux fils et deux filles, cette seigneurie et celle de Vitry, et Aliénor (1) qui vivait encore, mais qu'il soupçonnait d'adultère et qu'il songeait à répudier.

Il mit son projet à exécution dès qu'il eut la certitude que la reine partageait l'amour qu'il avait conçu pour elle ; et, pour que rien ne manquât à ce petit roman d'histoire royale, un jour qu'Anne de Russie se pro-

(1) *Gall. Christ.* XII, 242. CARLIER, dans son Histoire du Valois (Paris, 1704) in-4°. Tome I, p. 289, l'appelle Haquenez ; mais on sait combien il faut se méfier de cet historien fantaisiste.

menait dans la forêt de Senlis, sous les ombrages de laquelle ils se rencontraient assez souvent, il l'enleva comme une simple bergère et l'emmena à Crépy-en-Valois, sa capitale, où quelque prêtre complaisant ou terrorisé les maria.

Ceci se passa très probablement dans la première moitié de l'année 1063, car la dernière charte dans laquelle Anne est traitée de « reine » est datée de cette année, la deuxième du règne de son fils.

On peut penser au scandale que fit cette escapade princière, quel chagrin en eurent le jeune roi Philippe et ses frères et quelle indignation en conçut le Régent. Tout ce réunissait pour condamner cette union : la mort très récente de Henri Ier ; la jeunesse des petits princes qui avaient encore besoin de leur mère ; enfin la situation respective d'Anne et de Raoul aussi bien que la manière dont ils s'y étaient pris pour arriver à la satisfaction de leur passion réciproque. Non seulement le comte de Valois était déjà marié, mais la proche parenté de ce seigneur avec Henri, premier époux d'Anne de Russie, aurait suffi, d'après les mœurs du temps, pour entacher de nullité un mariage contracté entre eux. Mais rien ne prévalut contre la fougue emportée de l'amant et contre la faiblesse déraisonnable de l'amante.

Quoi qu'il en soit, tout se seráit peut-être arrangé, tant était grande la puissance du comte de Valois et la crainte qu'il inspirait, sans la protestation hardie de l'épouse qu'il avait abandonnée.

Celle-ci, en effet, ne se résigna pas à son sort. Outrée de fureur et ne respirant que la vengeance, elle partit pour Rome dès qu'elle sut l'usage que son volage époux avait fait de sa liberté reconquise par la répudiation violente dont elle avait été la victime, et elle alla porter directement ses plaintes au Pape Alexandre II. Celui-ci l'ayant accueillie avec bienveillance, elle revint de Rome avec une lettre du Saint-Père pour Gervais, archevêque de Reims, ordonnant à ce prélat de faire une enquête. Et l'archevêque ayant, peu après, confirmé les faits allégués par l'épouse répudiée (1), Alexandre II enjoignit à Raoul de renvoyer la reine et de reprendre Aliénor. Puis, sur son refus, il l'excommunia et déclara nul son mariage.

Bravant les censures ecclésiastiques, le comte de Valois continua à vivre avec sa troisième femme. On s'habitua peu à peu à cette union irrégulière. Le roi lui-même,

(1) «... Regnum nostrum non mediocriter conturbatum est. Regina enim nostra comiti Rodulpho nupsit, quod factum Rex noster quam maxime dolet... » Lettre de Gervais, dans Duchesne : *Histor. Franc., script.* IV, p. 205, 207.

sans doute par crainte de s'aliéner son puissant beau-père, et peut-être aussi mû par un sentiment de tendresse pour sa mère, qui, jusqu'à l'éclosion de cette malheureuse passion n'avait jamais failli à aucun de ses devoirs, fit probablement taire son juste ressentiment. Nous voyons, en effet, dès l'année 1065, Raoul et ses deux fils accompagner Philippe Ier à Corbie et signer avec lui un diplôme en faveur de l'abbaye de Hasnon (1). Néanmoins, nous ne trouvons plus Anne nommée dans aucune charte donnée par son fils depuis son union avec le comte de Valois, sauf dans celle qu'il octroya à Senlis, en 1069, au monastère de Saint-Vincent (2). Mais cette exception se justifie suffisamment par le fait

(1) *Gall. Christ.*, T. III, Preuv. 4, col. 84.

(2) *Gall. Christ.*, T. X, Pr. col. 205. — Au tome XII du même recueil (2e édit., p. 242), on trouve aussi la mention qu'elle « accéda aux lettres-patentes du roi Philippe en faveur des moines de Fleury, en 1067. »

que la mère du roi était la fondatrice de ce couvent et qu'il était, pour ainsi dire, impossible de ne pas le rappeler dans une charte concernant cette fondation et donnée dans la ville même où s'élevait l'abbaye due à sa piété.

Cette réserve n'empêchait pas, d'ailleurs, les bonnes relations de la mère et du fils, et Raoul de Crépy étant mort à Montdidier le 8 septembre 1074, sa veuve reparut immédiatement à la cour de Philippe Ier (2).

En quittant le Valois, nous dit le vieil annaliste manuscrit déjà cité, elle laissa « une longue suite de princes par sa fécondité, l'abbaye de Saint-Vincent comme marque de sa piété, et, à Saint-Denis, un très précieux jacinthe dont il est fait mention

(2) C'est à tort que certains biographes ont prétendu que Raoul avait répudié Anne avant de mourir.

par Suger : *pretiosissimum hyacinthum Annae regis Ruthenorum filiae* ».

Revenue auprès de son fils, nous la voyons apposer sa signature, en 1075, à un vidimus de Philippe, par lequel il confirma, en son palais de Paris, la charte de fondation du monastère de Notre-Dame de Pontlevoy (1). Un détail du libellé de cet acte nous montre, néanmoins, que la position d'Anne de Russie, à la cour, avait subi une grande modification. Elle ne signe plus, en effet, comme autrefois, *Regina*, mais seulement : *Signum Annae matris Philippi Regis*. Elle ne reprit donc jamais auprès de son fils le rang duquel l'avait fait déchoir son union romanesque et irrégulière avec le comte de Valois, et elle ne fut plus traitée par lui que comme une mère bien-aimée à qui on pardonne ses écarts, et non comme une reine qui vous a donné le

(1) *Gallia Christiana*, T. VIII, Preuves, col. 413.

jour et que l'on associe à la puissance royale et à l'exercice de la souveraineté.

Cette signature de 1075 est, d'ailleurs, la dernière mention que nous trouvons d'Anne de Russie, et il est probable qu'elle quitta la cour peu après. La situation fausse qu'elle s'était volontairement créée, bien plus encore que son âge — elle n'avait alors que 52 ou 53 ans, la détermina sans doute à choisir ce parti. Peut-être aussi le remords et le désir d'expier la vie criminelle qu'elle avait menée, si l'on s'en rapporte aux mœurs sévères de son temps, la poussèrent-ils à prendre une retraite prématurée.

Que put-elle devenir alors ?

C'est ce qui nous reste à examiner.

VII

Les uns veulent qu'elle soit retournée en Russie.

Cette hypothèse, qui ne repose, d'ailleurs, sur aucun fait précis, nous paraît tout à fait invraisemblable. Quelle apparence qu'un quart de siècle après avoir quitté son pays, une princesse, devenue tout à fait française, ait voulu aller finir ses jours sur les bords du Dnieper? Elle n'y aurait plus retrouvé que des collatéraux indifférents ou hostiles, car son père, Iaroslav, était mort en 1054.

De plus, depuis son départ, le schisme avait éclaté (en 1053), définitif, irrémédiable entre les deux Eglises d'Orient et d'Occident et Anne de Russie, arrivée en France avant ce déchirement, et demeurée depuis lors bonne catholique romaine, aurait été, de gaieté de cœur, vivre en pays schismatique, au risque d'encourir une fois de plus les foudres ecclésiastiques. Aucun document oriental ne nous permet de le supposer; et si Anne était retournée au pays et au culte de son père, ce retour et cette conversion auraient tellement flatté les écrivains de l'Eglise orthodoxe qu'ils n'eussent pas manqué de les mentionner.

On a remarqué, en effet, que Nestor, l'historien national des Slaves, ne fait aucune mention du mariage d'Anne en Occident, et on en a conclu que ce mariage était un fable. Les nombreux documents cités au cours de cette étude ne peuvent laisser aucun doute sur l'union de la fille de Iaroslav avec notre roi Henri Ier. Mais ce silence affecté du chroniqueur slave prouve avec quel dépit les Russes avaient vu la fille de leur Grand-Prince suivre une autre fortune et continuer à pratiquer un autre culte que celui de sa famille, et avec quelle joie ils eussent mentionné son retour, si ce retour avait eu lieu.

Il est donc absolument impossible de s'arrêter à l'hypothèse qu'Anne revint en Russie après la mort de son deuxième époux, Raoul, comte de Valois. On a tout lieu de croire, au contraire, qu'elle se retira dans quelque monastère où elle finit en paix ses jours dans la prière et dans la pénitence.

Le journal que nous citions en commençant cette étude nous dit que son tombeau existe encore auprès de Senlis. Certes, l'affection que devait avoir Anne pour cette ville et pour le pays de Valois, où elle avait vécu si longtemps et où étaient sans doute les meilleurs souvenirs de sa vie, aurait rendu très vraisemblable son désir d'y finir ses jours dans quelque abbaye de femmes, non loin du beau clocher qu'elle avait élevé à la gloire de saint Vincent, martyr. Mais peut-être, d'autre part, le clergé eut-il vu des inconvénients à ce que la reine vint résider, sous la protection de l'Eglise, dans les lieux mêmes où son second mariage avait causé tant de scandales. D'un autre côté, son beau-fils, Simon de Crépy, — que sa piété a fait mettre par l'Eglise au nombre des saints, — n'aurait probablement pas toléré dans ses domaines la présence d'une femme dont le Souverain Pontife avait toujours condamné l'union avec son père. Ce qu'il y a de bien certain, c'est que rien ne nous autorise à croire qu'il en ait jamais été question, et que la sépulture d'Anne de Russie n'a jamais existé à Senlis.

Au contraire, nous possédons un renseignement dont on a beaucoup discuté la valeur et qui nous indiquerait comme lieu de retraite d'Anne, une petite localité de la province du Gâtinais.

Sous le titre de : *Nouvelles découvertes pour l'Histoire de France*, le savant jésuite Ménestrier publiait, daus le *Journal des Savants* du 22 juin 1682, les lignes suivantes, que l'on nous permettra de reproduire tout entières :

« Ceux qui ont écrit l'Histoire de France ont donné jusqu'ici pour femme à Henri Ier, fils de Robert, une fille d'un roi de Russie, qu'ils nomment Anne, et ils ont dit qu'après avoir épousé en secondes noces Raoul de Péronne, comte de Crespy et de Vallois, elle s'en retourna à son pays. Cependant depuis peu de jours le P. Menestrier a découvert le tombeau de cette princesse dans l'église de l'abbaye de Villiers, de l'ordre de Cisteaux auprès de la Ferté-Aleys, en Gâtinois, à une lieue d'Estampes. C'est une tombe plate dont les extrémités sont rompues. La figure de cette reine y est gravée, ayant sur sa tête une couronne à la manière des bonnets que l'on donne aux Electeurs : il y a un retour en demi cercle où commence son épitaphe en ces termes : *Hic jacet domina Agnès uxor quondam Henrici regis*. Le reste est rompu, et sur l'autre retour on lit : *Eorum per misericordiam Dei requiescant in pace*.

« L'on apprend par cette épitaphe, 1° que le véritable nom de cette reine était Agnès, quoique Messieurs de Sainte-Marthe (1) aient dit : « Environ l'an de grâce 1044, le roi « Henri fut conjoint par mariage avec Anne « de Russie ; aucuns la nomment mal Agnès, « d'autres Mathilde » ; 2° on voit quelle est morte en France. »

Le séjour de la reine en France après son second veuvage et l'existence de sa sépulture dans notre pays seraient donc des faits acquis à l'histoire si l'on pouvait considérer comme absolument hors de discussion le monument découvert par le P. Ménestrier. Pendant près d'un siècle, d'ailleurs, nul ne mit en doute l'authenticité de ce monument, ni le P. Anselme, ni les auteurs du *Recueil des historiens de France*, ni ceux de l'*Art de vérifier les dates*. C'est seulement en 1770 que les auteurs de la seconde édition de la *Gallia*

(1) *Gallia Christiana*, 1re édition publiée en 1656.

Christiana s'inscrivirent en faux contre les découvertes du savant jésuite.

La première objection qu'ils firent, c'est que l'abbaye de Villiers ne fut fondée qu'en 1220 (1), et que, par conséquent, Anne de Russie, morte très certainement beaucoup plus tôt, — quelque longévité qu'on veuille bien lui attribuer, ne peut y avoir été enterrée.

Cette objection, qui, au premier abord, paraît insurmontable, peut être discutée cependant. La reine mère aurait pu, en effet, habiter quelque château ou quelque monastère du voisinage et être ensépulturée dans la chapelle que les Bénédictins possédaient dans leur établissement de Villiers, qui devint le noyau de l'abbaye fondée plus tard. Puis, on peut supposer encore que la

(1) *Gallia Christiana*, 3ᵉ édit., tome XII, p. 242.

tombe vue par le P. Ménestrier avait été transportée à une époque postérieure dans cette abbaye, à cause même de l'intérêt qu'elle présentait, par suite de la destruction, pendant le long cours des siècles, du château ou du monastère dans lequel Anne avait primitivement reçu sa sépulture. Enfin, une troisième hypothèse a été mise en avant par les auteurs de l'*Art de vérifier les dates* (1) et par un vieil historien (2); suivant cette hypothèse, le tombeau décrit par le savant jésuite n'aurait été qu'un simple cénotaphe, érigé en l'honneur de la reine à une époque postérieure. Cela est possible : mais, dans tous les cas, le texte même de l'inscription, — s'il est bien tel que l'a lu le P. Ménestrier, — prouve que ce cénotaphe rappelait un monument consacrant la mort

(1) Edition in-fol. de 1783, T. II, p. 702.
(2) VELLY : *Histoire de France*.

de la veuve de Henri Ier, en France et non ailleurs.

Cette première objection n'a donc pas une portée suffisante pour détruire l'affirmation du P. Ménestrier.

Les auteurs de la *Gallia Christiana* prétendent encore, — sur la foi de deux ecclésiastiques parfaitement inconnus et très certainement moins dignes de foi, en matière d'érudition, que l'auteur de l'*Art du Blason* et de tant d'autres ouvrages estimés, — que le membre de phrase : *uxor Henrici*, aurait été ajouté à une date postérieure, et même après l'année 1642 ; que, de plus, le mot *regis* n'existait pas en 1749, d'où ils laissent conclure naturellement que le P. Ménestrier a été victime d'une aberration impardonnable chez un antiquitaire de cette valeur, ou qu'il s'est livré à une jonglerie du plus mauvais goût.

C'est aussi l'opinion adoptée par un savant du Gâtinais, M. Henri de Clercq, qui s'est beaucoup occupé de l'abbaye de Villiers et qui, consulté par moi, a bien voulu m'écrire à ce sujet une lettre dont j'extrais le passage suivant : « Mon sentiment est que l'*uxoris quondam Henrici regis* provient d'une lecture à vue complaisante et amplificatrice. Les deux premières abbesses de Villiers s'appelaient Agnès. Pourquoi ne pas supposer que la fameuse pierre tombale était celle de l'une de ces abbesses (1)? Actuellement, il n'existe à Villiers que la pierre tombale de Marguerite le Cordier du Troncq; les autres ont été dispersées à la Révolution, celles des d'Argouges rapportées, je crois, à Courances ou à Fleury-en-Bière. » M. de Clercq me fait, en outre, remarquer que dans son « Histoire

(1) Cette supposition nous paraît détruite à l'avance par la lecture faite en 1749 par le P. Nicod lui-même : *quae fuit uxor Henrici*.

de l'abbaye de Villiers » (1), Dom Basile Fleureau, qui écrivait en 1669, n'en souffle mot.

Sans prendre absolument parti dans la question, j'ai peine à admettre, je le répète, une pareille inadvertance de la part du P. Ménestrier, étant donné la moralité indiscutée et la valeur scientifique de ce religieux. Je ferai observer, en outre, que la pierre tombale, objet du litige, était brisée et probablement très fruste ; elle ne pouvait donc être déchiffrée que par un spécialiste ; de plus, le mot *regis*, qui fait toute la querelle, était le dernier de la partie conservée, vers la cassure. Il n'y aurait donc rien de bien étonnant à ce qu'il ait disparu, de l'année 1682, où le P. Ménestrier assure l'avoir lu, à l'année 1749, époque à laquelle

(1) Publiée dans les *Annales de Société historique et archéologique du Gâtinais*, tome I, 1893.

D. Nicod, prieur de Loya, dont nous avons tout lieu de soupçonner la compétence, fut chargé par les auteurs de la *Gallia Christiana* de voir et d'étudier cette tombe. Prétendre que le P. Ménestrier a été coupable d'une mystification, c'est donc dépasser les bornes de la vraisemblance. Il eût été, dans tous les cas, bien facile de le confondre, car il a publié immédiatement sa prétendue trouvaille dans le seul recueil scientifique qui existât de son temps, et, comme il s'agissait d'une localité située à quelques lieues de Paris, tout le monde pouvait aisément aller contrôler son dire. Et cependant, pendant quatre-vingt-huit ans, personne ne mit en doute la réalité et l'authenticité de sa découverte !

Une autre objection, d'un caractère plus scientifique, est celle que la *Gallia Christiana* pose en ces termes : « ... dans toutes les chartes et dans tous les ouvrages qui ont parlé de la seconde femme du roi Henri, elle est toujours appelée Anne, et jamais Agnès... »

Je suis assez disposé à croire, en effet, que la forme *Agnès* ne fut que très secondaire et qu'elle n'eut cours qu'à une époque postérieure à la mort de la reine. Les derniers actes dans lesquels paraît la mère de Philippe Ier, tels que la charte de son second mari Raoul, donnée au chapitre de Notre-Dame d'Amiens en 1069 (1), et la charte de 1075, citée plus haut, l'appellent *Anne* et non *Agnès*.

La seule pièce absolument authentique qui a pu faire croire qu'elle avait porté ce second nom est la signature apposée sur un diplôme de Philippe Ier dont nous avons déjà parlé, diplôme donné à Senlis, en 1060,

(1) *Hist. généal. de la maison de Guines*, Preuves, p. 316.

à l'abbaye de Saint-Denis en France. La reine-mère est appelée dans ce diplôme *Agna regina* et ce nom est au génitif : *Signum Agne Regine*. Si *Agne* avait signifié *Agnès*, n'y aurait-il pas eu : *Signum Agnetis Regine?* Il est donc fort présumable que *Agna* a été mis ici pour *Anna*, et que ce dernier nom a toujours été celui qu'a porté la mère de Philippe Ier.

Un second document dans lequel nous trouvons la même princesse appelée *Agnès* ne détruirait pas cette hypothèse, car ce document n'est pas un original, mais seulement un diplôme pour la fondation de Saint-Adrien de Béthisy, donné le 27 mai 1060 et imprimé par P. Louvet, dans son *Histoire de Beauvais* (1). Or, on sait combien les textes étaient dénaturés par les copistes du commencement du XVIIe siècle, et il n'y

(1) In-8. Rouen, 1614, p. 444.

aurait rien de bien surprenant à ce que *Agnès* (le nom de la reine est cité au nominatif) soit ici pour *Agna*.

On est par conséquent en droit de penser que c'est par suite de cette habitude d'écrire le nom de la reine : *Agna*, que, jusqu'en 1770, on avait toujours dit en parlant de cette princesse : « Anne ou Agnès » (1), et je suis personnellement très porté à croire que le second de ces noms lui est venu de la manière dont on a souvent orthographié le premier dans les actes où la reine comparaissait.

Les anciens martyrologes et les hagiographes écrivent d'ailleurs très souvent le nom de sainte Agnès : *Agna* ou *Anna* (2).

(1) P. Anselme : *Histoire généal.*, I, p. 73 ; — *Recueil des historiens de France*, T. XI, p. 564. B ; *Art de vérifier les dates*, T. II, p. 702. — Nous ne parlons pas ici de la fantaisie qui a fait donner à Anne de Russie le nom d'Adélaïde sur la gravure que nous publions en tête de cette étude. Voir ce que nous disons plus bas de ce portrait, à l'explication de nos figures.

(2) Bolland., *Act. Sanct.* Die Jan. xxi.

Il en est de même des verres historiés qui la représentent et qui portent : *Anne, Ane, Angne, Agne, Annès* (1).

Pour tous ces motifs, nous croyons qu'il est fort probable que le nom d'Agnès n'a été attribué par les historiens à Anne de Russie qu'après sa mort.

Ainsi se trouverait justifiée l'hésitation des chroniqueurs dans le nom qu'ils lui donnent, et en même temps l'inscription du tombeau découvert par le P. Ménestrier, inscription composée à une époque plus récente.

Le prince Labanoff de Rostoff (2) a, de plus, fait remarquer que sainte Agnès n'existait pas dans le martyrologe grec. A-t-on, postérieurement à la mort de la reine ou même depuis sa retraite, — par une sorte de

(1) Buonarruoti, Garrucci, passim. — Cfr. Martigny : *Dict. des Antiquités chrétiennes*. 2e édit., Paris, 1877.
(2) *Recueil des pièces historiques*... Paris, 1825, in-8.

pieux calembour, — substitué à son nom d'Anne, peut-être un peu suspect de schisme, celui d'une sainte purement romaine? Cela est encore une hypothèse plausible. Je ne partage pas, d'ailleurs, l'opinion de l'auteur que je viens de citer, qui veut que la princesse venue en France sous le nom d'Anne, qu'elle portait en Russie, ait pris ensuite celui d'Agnès en passant au rite latin. Je crois, en effet, avoir établi plus haut qu'Anne n'avait pas eu à changer de religion pour épouser Henri Ier. D'ailleurs, dans les derniers actes où nous trouvons son nom, en 1069 (1) et en 1075 (2) elle s'appelle toujours *Anna* et non *Agnès*. La supposition du prince Lobanoff est donc détruite par les faits.

Nous possédons même une signature très

(1) *Gallia Christiana*, T. 5, Preuves, col. 413.

(2) *Hist. généal. de la maison de Guines*, Preuves, p. 316. Paris, 1631, in-folio.

probablement autographe de la reine Anne, sur un diplôme original conservé à la Bibliothèque nationale (1), diplôme que nous avons déjà mentionné plus haut et qui fut donné par Philippe Ier à l'abbaye de Saint-Crépin-le-Grand, de Soissons.

Sur ce diplôme, la reine ne s'est pas contentée, suivant l'usage du temps, de tracer une croix en face d'un monogramme ou de son nom écrit par un scribe. Elle y a joint, au contraire, son nom et son titre, dans sa langue maternelle et en caractères slavons : *Anna rùina*, pour *Anna regina*. Nous donnons ici le fac-simile de cette curieuse signature calquée sur l'original.

АНА РЪИ·НА

Il est plus que vraisemblable, encore une

(1) Dom Grenier : *Collection de Picardie*, T. 294, p. 38.

fois, que cette signature est autographe. Qui donc, en effet, parmi les scribes royaux, pouvait écrire en slave? Les caractères sont tracés, d'ailleurs, avec une inexpérience qui trahit la main d'une personne peu lettrée, et un scribe aurait certainement mieux fait. Dans tous les cas, c'est l'un des plus anciens spécimens d'écriture russe que l'on possède, et les érudits moscovites ne citent qu'un manuscrit slave antérieur, le célèbre évangile d'Ostromir, qui appartient aux années 1056-1057 (1).

Mais tout cela n'infirme pas d'une manière absolue l'authenticité de l'inscription découverte par le P. Ménestrier, et un détail de la description qu'il fait du tombeau vient encore à l'appui de son attribution. Il nous dit que la couronne portée par la reine était

(1) M. L. Leger, d'après Sreznovsky, cité par M. C. Couderc dans la *Russie* (Larousse), p. 473.

en forme de bonnet, analogue à ceux que l'on donne aux Electeurs de l'Empire. Or, cet insigne était bien celui des grands-ducs de Russie, insigne que les princes de la maison de Rurick ont conservé plus tard dans leurs armoiries.

C'était donc la seule coiffure que pouvait recevoir sur sa pierre sépulcrale la princesse Anne de Russie, puisqu'elle avait, comme nous l'avons vu, perdu son titre de reine en épousant le comte de Valois, et que son mariage illégal avec ce dernier, mariage qui n'avait jamais été rceonnu par l'Eglise, ne permettait pas de lui attribuer en terre sainte la couronne comtale usurpée. Il ne lui restait donc que l'insigne héraldique qu'elle tenait de sa naissance et qu'aucune aventure de sa vie agitée n'avait pu lui enlever.

VIII

Pour toutes ces raisons, je pense donc que, dans l'état de la question, il est difficile de se prononcer avec une suffisante sécurité sur la découverte du P. Ménestrier, dont la science et la compétence sont, d'ailleurs, appréciées par tous les érudits. Mais, lors même qu'il aurait été induit en erreur en attribuant à la reine Anne le tombeau trouvé par lui à l'abbaye de Villiers, cela n'autoriserait pas le moins du monde les historiens à prétendre qu'elle est retournée mourir en Russie après le décès de son second mari. A défaut de preuves certaines dans un sens ou dans l'autre, l'hypothèse la plus vraisemblable resterait toujours celle qui veut que la veuve de Henri Ier et de Raoul le Grand soit morte en France, dans le pays qu'elle avait complètement adopté, et où elle avait aimé et souffert.

Nous pouvons donc réclamer comme nôtre, à juste titre, cette princesse qui, tant de siècles avant Pierre le Grand, est venue demander notre hospitalité et créer un premier lien entre la France et la Russie; et nous sommes heureux que la visite amicale de Leurs Majestés le Tzar Nicolas II et l'Impératrice Alexandra-Féodorovna, nous ait fourni l'occasion de rappeler la mémoire de la princesse Anne, fille de son lointain prédécesseur, Iarosslav Ier le Grand, épouse de notre roi Henri Ier, puis comtesse de Valois et fondatrice de l'abbaye de Saint-Vincent de Senlis, dont l'élégant clocher rappelle encore le souvenir de sa piété et de sa munificence.

PIÈCES JUSTIFICATIVES

Toutes les pièces relatives à Anne de Russie ont été publiées déjà, soit dans de grands ouvrages anciens, tels que le *Recueil des Historiens de France*, la *Gallia Christiana*, etc., soit dans le *Recueil* du prince Alexandre Labanoff de Rostoff, lequel, bien qu'introuvable aujourd'hui dans la librairie, peut être consulté dans nos grandes bibliothèques publiques (1).

Nous ne croyons pas devoir imprimer de nouveau ces documents. Nous nous contenterons d'en donner la table par ordre chronologique, en reproduisant seulement les passages dans lesquels la reine Anne se trouve citée, ou la forme de sa signature, quand elle aura pris part à la subscription de l'acte (2).

(1) *Recueil de pièces historiques sur la reine* Anne ou Agnès, *épouse de Henri Ier, roi de France et fille de Jaroslaff premier, grand duc de Russie,* avec une notice et des remarques du prince Alexandre Labanoff de Rostoff (sic), aide de camp de S. M. l'Empereur de toutes les Russies.

Paris, typ. Firmin Didot, 1825. In-8 de XXII et 60 pages, avec une planche gravée, reproduisant en fac-simile la pièce décrite ci-après sous le n° X.

(2) Notre obligeant et savant confrère, M. Maurice Prou, prépare un *Catalogue des actes de Philippe Ier*, dans lequel on

I

(*12 juillet 1058.*) — Diplôme de Henri Ier, roi de France, donné au monastère de Saint-Maur des Fossés.

« ... *Annuente meâ conjuge Anna, et prole Philippo, Roberto ac Hugone...* »

« ... *Signum regine Anne...* »

(Publié dans le *Recueil des Historiens de France*, Tome XI, p. 600.) — Voir ci-dessus, p. 38.

II

(*5 août 1058*). — Autre diplôme du même Henri Ier, donné à l'abbaye de Hasnon.

« ... *(Signum) Henrici Regis. S. Philippi Regis. S. A. Reginae...* »

trouvera des renseignements complets sur tous les actes de ce prince, que nous avons eu l'occasion de citer dans cette étude. — Notre travail était sous presse quand M. Prou a bien voulu nous signaler un article paru récemment dans une Revue russe sur Anne de Russie. Malheureusement, il nous a été impossible d'avoir à temps communication de cet article.

Sceau de Henri Ier, roi de France.

(Publié par Le Carpentier : *Histoire de Cambray et du Cambrésis.* — Leyde, 1664, 2 vol. in-4°. — Preuves, p. 7.) — Voir ci-dessus, p. 41.

III

(*29 mai 1059*). — Autre diplôme du même Henri Ier, donné au monastère de Tournus.

« ... *pro salute animae meae, conjugisque meae Annae, filiique nostri Philippi regis...* »

(Publié dans le *Recueil des Historiens de France*, Tome XI, p. 600. — Chifflet : *Histoire de l'Abbaye de Tournus*, p. 312 et *Preuves*, p. 126). — Voir ci-dessus, p. 41.

IV

(... 1059). — Autre diplôme du même Henri Ier, donné en faveur du monastère de Coulombs (diocèse de Chartres).

« ...*S. Henrici Regis. S. Annae reginae uxoris ejus. S. Philippi filii regis...* »

(Publié dans le *Recueil des Historiens de France*. Tome XI. p. 604.) — Voir ci-dessus, p. 41.

V

(... 1059. — Lettre du Pape Nicolas II à la reine Anne.

(Publiée dans le *Recueil des Historiens de France*. Tome XI, p. 653.) — Voir ci-dessus, p. 34.

VI

(... 1060). — Diplôme du roi Henri Ier, donné au couvent de Saint-Martin des Champs.

« ... *atque pro mei necnon conjugis meae et prolis salute et pace...* » Et dans la subscription : « *S. Annae Reginae.* »

(Publié dans le *Recueil des Historiens de France*, Tome XI, p. 605, et la *Gallia Christiana*, Tome VII, Preuves, col. 32.) — Voir ci-dessus, p. 42.

VII

(... 1060). — Charte de la Reine Anne pour la fondation et la dotation du monastère de Saint-

Vincent de Senlis, avec un *vidimus* du roi Philippe Ier son fils, qui ne peut être antérieur à l'an 1071.

(Publiée par la *Gallia Christiana*, Tome X, Preuves, col. 204.) — Voir ci-dessus, p. 45.

Voici le texte complet de ce document, que nous reproduisons ici, par ce que c'est le seul acte émanant directement d'Anne de Russie :

+ Notum est omnibus sanctae ecclesiae filiis quoniam universitatis creator omnia ad ornatum compositionemque sacratissimarum nuptiarum unigeniti sui Deus pater condidit nec solum genitor sed et ipse genitus concordia sancti Spiritus sibi sponsam aptavit, sicut ipse in Canticis Canticorum eidem sponsae dicit : « Veni de Libano, sponsa mea, veni de Libano, veni et coronaberis de capite Amana de vertice Sanir et Hermon. » Ego autem Anna corde intelligens mente pertractans tantam pulchritudinem tantumque decus atque recolens illud quod scriptum est : « Beati qui ad coenam Agni vocati sunt » et quod ipsa Christi sponsa alias dicit : « Qui elucidant me vitam aeternam habebunt, » deliberavi apud me quomodo illarum epularum illiusque beatitudinis ac vitae aeternae particeps existere possem. Cumque demum sublevatum esset cor meum ad fabricandum Christo ecclesiam ut intus incorporari et quodlibet membrum illius sanctae societatis quae fide Christo adjuncta est, conecti valuissem, in honore sanctae Trinitatis et piae Dei genitricis Mariae et praecursoris Domini et sancti Vincentii Martyris Christo eam fabricavi et dedicare praecepi atque dans deputavi ibi de facultatibus meis et de his quae in matrimonio Henricus rex, conjunx meus, mihi dederat, quae omnia favore filii mei Philippi, Dei gratia regis, et omnium optimatum sui regni consilio attitulari concedo, quatinus ibi quieti et tranquilli religiosi Domino servientes, mundo renuntiantes, regularem id est sanctorum apostolorum et beati Augustini quae scripta est vitam canonice amplectentes vivere valeant, et pro peccatis Henrici regis ac filiorum et amicorum meorum atque meis die ac nocte Deum exôrent, et ut sine macula aut ruga, sicut a Christo aptatur ecclesia, suis precibus me Deo exhibeant, terram scilicet quam juxta ecclesiam Ivo praepositus possidebat ab ipso pretio emptam cum furno et omnibus consuetudinibus quas terra reddere solet : novem hospites cum omni consuetudine quos prius in eodem loco possidebam de censu monetae tres libras, pediter civitatis in cujus suburbio praefata constructa est ecclesia, et quod ad civitatem pertinet. Molendinum unum in villa quae dicitur Guvils, villam unam quae dicitur Mansionaleblaum, in territorio laudunensi, alodium unum in villa quae dicitur Crespis; sed ne quis deinceps eis molestus sit, concedo omnes omnino consuetudines sancto Vincentio et canonicis ejus. Ego Philippus Dei gratia Francorum rex mutuavimus ab ipsis canonicis sancti Vincentii triginta libras et eis inde quandam villulam nostram quae vocatur Barberiacus in vadimonium concessimus, ea conditione ut quandiu praefatas libras canonicis usque ad novissimum quadrantem non reddiderimus, villulam illam cum omnibus ad eam pertinentibus teneant et possideant quietam et solutam dum vero persolverimus ex toto praefatum vadimonium redeat in dominium nostrum, sicut prius fuerat; sunt autem denarii Sylvanectensis monetæ.

PHILIPPUS + REX.

BERTA + REGINA.

VIII

(... 1060). — Diplôme de Philippe Ier, roi de France, donné au monastère de Tournus.

« ... *Pro salute animae meae, patrisque mei Domini Heynrici regis, genitricisque meae Annae...* »

(Publié par CHIFFLET : *Histoire de l'abbaye de Tournus.* — Dijon, 1664, in-4°. — Preuves, p. 316.) — Voir ci-dessus p. 50.

IX

(... 1060). — Charte du même Philippe Ier donné à Senlis en faveur du monastère de Saint-Lucien de Beauvais.

Cette charte n'étant connue que par des copies qui n'ont pas encore été publiées, nous la donnons ici *in extenso* :

In nomine Sanctae et individuae Trinitatis, in nomine Patris et Filii et Spiritus sancti. Ego Philippus gratia Dei Francorum Rex. Si veri culmen honoris adipisci desideramus, veras divitias amare cum bonae voluntatis a stutia debemus : quorum diligentiam Patres et antecessores nostri divino nutu compuncti juste querentes amaverunt et amantes invenerunt, dum quibus uti possent divitiis Christi sponsam quae est ecclesia honestando locupletarunt et Chr.sti pauperibus eas erogare studuerunt. Interest quod hostilis virtus premitur, imperium roboratur, eterne remunr ationis donum acquiritur. Qua propter notum fieri volumus sancte matris ecclesie fidelibus tam presentibus quam et futuris quod per interventum matris nostre et ob remedium anime mee et antecessorum nostrorum qui ante nos hoc idem firmaverunt cedimus et inperpetuo condonamus cenobio Christi martyris Luciani et fratribus inibi regulariter degentibus omnes consuetudines que in terris eorum sitis, in villis scilicet Sinquatio et Roseto et Verderona ab antecessoribus nostris constitute sunt, ut deinceps non aliquis nostrorum sive imperii nostri Regnum habitantium audeat ibi accipere latronem neque bannum sive falconatum neque rotatium et quid quid ad nos ibi videtur pertinere, loco predicti martiris Luciani imperpetuum dimittimus. Concedimus autem eisdem pontis transcursum super Alteiam fluvium ut carri et summarii totam habeant liberam potestatem eundi et redeundi et transeant et redeant quandocumque voluerint absque ullo debito et sine ulla inquietudine et injuria. Precipimus autem et regia auctoritate ista inviolabiliter sancimus adjicientes ut nemo extra et intra monasteriolum castrum presumat aliquid ex carris au summariis corum suscipere vel quodcumque pretium subripere. Ita tamen hoc concedimus ut monachi predicti loci Christi Martyris semel in hebdomada quarta feria omnes in unum generaliter concelebrent pro nostra parentumque nostrorum salute missam et sicut in vita ita peragant post nostri corporis dissolutionem. Et ut hoc inviolabiliter per succedentia tempora permaneat, sigillo nostro firmando insigniri fecimus et nostrum caracter impressimus et militibus nostris firmare fecimus.

S. A. Regine.
S. Frollandi episcopi.
S. Hugonis Bardulfi.
S. Gosberti Clerici.
S. Odonis Prepositi.
S. Rodulfi Comitis.
S. Hugonis Regis fratris.
S. Roberti.
S. Walteri, Archid.
S. Baldrici.
S. Amalrici.
S. Wittelmi Comitis.
S. Waleranni.

Si quis huic precepto contradicere ausus fuerit vel adnichilare auri libras C regali fisco persolvet, imo eterno anathematis jugulo feriatur.

Actum Silvanectis anno Dominice Incarnationis MLX$^{m}{}_{o}$ et Regis Philippi primo.

Balduinns Cancellarius dictavit et Eustachius subscripsit.

(*Archives de Saint-Lucien de Beauvais*, Layette des *Privilèges Royaux. Cotte 7.*)

(*Bibliothèque Municipale de Senlis* : Mss. d'Afforty, tome XIII, p. 353 ; — *Collect. de Picardie* ; t. 194, 198 et 233 ; — Fonds Moreau, t. 26, fol. 109, etc. — Citée dans une note du *Recueil des Historiens de France*, tome XI, p. 377.) — Voir ci-dessus, p. 43.)

X

(... 1060). — Diplôme du même Philippe Ier, donné à l'abbaye de Saint-Denis.

« ... *per interventum matris meae A...* » Et la subscription : « *Signum Annae reginae...* »

(Archives Nationales, carton K, 37. — Publiée en fac-simile dans le *Recueil de pièces du prince Labanoff de Rostoff*, sous le n° IX et dans Doublet : *Histoire de l'abbaye de Saint-Denis*. Paris, 1625, 2 vol. in-4°) — Voir ci-dessus, p. 51.

XI

(27 mai 1061). — Autre diplôme du même Philippe Ier, donné pour la fondation de l'église de Saint-Adrien de Béthisy.

« ... *Interfuerunt autem etiam huic stipulationi*

Sceau de Philippe Ier, roi de France.

Agnes Regina, Frollandus Sylvanectensis episcopus, etc... »

(Publié par Louvet : *Histoire de la ville et cité de Beauvais*. Rouen, 1614, in-4°, p. 444). — Voir ci-dessus, p. 51.

XII

(14 mai 1062). — Autre diplôme du même Philippe Ier, donné au couvent de Saint-Nicaise de Reims.

« ... *consilioque dilectissimae Matris nostrae Annae*... » Et la subscription : « *Signum Annae reginae*... »

(Publié par Marlot : *Historia Remensis metropolis*. Reims, 1679, 2 vol. in-fol. — Tome I, p. 619.) Voir ci-dessus, p. 51

XIII

(... 1062). — Vidimus donné par Philippe Ier, en 1062, d'un diplôme de son père Henri Ier, daté de 1059, en faveur du monastère de Saint-Pierre de Chartres.

« ... *Post mortem autem Henrici regis, secundo anno regni sui, Philippus Rex, cum Regina matre sua...* »

(Publié dans le *Recueil des Historiens de France*, Tome XI, p. 602.) — Voir ci-dessus, p. 51.

XIV

(... 1063). — Diplôme donné par Philippe Ier, en faveur de l'abbaye de Saint-Crépin-le-Grand, de Soissons.

(Original à la Bibliothèque Nationale, *Collection de Picardie*, vol. 294, pièce 38. — Publié par M. C. Couderc, dans *La Russie* de Larousse, in-8°, 1892, p. 474.) — Voir ci-dessus, p. 52.

Ce diplôme est celui où l'on trouve la signature autographe d'Anne de Russie. Nous le reproduisons *in extenso* :

In nomine sanctae et individuae Trinitatis, Patris et Filii et Spiritus sancti, amen. Ego Philipus, gratiâ Dei Francorum Rex, notum fieri volo sanctae matris aecclesiae fidelibus, tam presentibus quam futuris, quod Heddo, Suessionensis episcopus, divinâ gratiâ commotus, mei presentiam adiit, deprecans et obnixe postulans quatenus sanctorum martirum Crispini et Crispiniani aecclesiae et fratribus inibi degentibus, duo suarum villarum altaria, que tenebant cum apenditiis suis, unum de villâ Parnant, vulgo nominata, et alterum de villâ Columnas vocitata ad personam, sicut ejusdem loci abbas Ansellus et omnis fratrum congregatio in antea humillime quesierant, concedendo regiâ dignitate annuerem. Cujus salubri petitioni adquiescens, ejusque supradicti episcopi erga me bonam intelligens voluntatem, et monachorum ipsorum plenam dilectionem pro animâ patris mei seu antecessorum meorum, videlicet domni Gervasii, Remorum archipresulis, et fratris mei Rotberti, et Bauduini comitis, et episcopi Laudunensis Elinandi, et Ratdulfi comitis, cetcrorumque quorum consilio meum regebatur palatium, studui eorum adimplere postulationem, videlicet de duobus altaribus supranominatis ad personam datis, eo tenore ut si persona vitâ presenti decederit, abbati jam dictae aecclesiae et fratribus in eâ degentibus perpetualiter aliam personam, sine pecuniâ episcopo ejusque successoribus representare et renovare liceat. Igitur, ut regiae potestatis meae mandatum firmum et inconvulsum permaneat, hoc testimonium litterarum illis fieri precepi et signum caracteris mei imprimere jussi et sigilli mei impressione corroboravi.

(Monogramme du roi et signature de la reine « Anna rùina » précédés d'une croix. Voir plus haut, p. 83, le fac-simile de cette signature).

Si quis autem his, quod minime estimo, contradicere ausus fuerit, auri libras fisco C persolvat, immo aeterni anathematis jugulo feriatur. Fiat. Actum urbe Suessionis, anno Dominice Incarnationis millesimo LXIII, et regis Philipi II. Eustachius, regis capellanus, vice Bauduini, cancellarii regis, subscripsit.

XV

(... 1063). — Lettre du Pape Alexandre II à Gervais, archevêque de Reims, concernant le divorce du comte Raoul de Vermandois et son mariage avec la reine Anne, veuve de Henri Ier.

(Publiée par Duchesne : *Historiae Francorum scriptores*... Tome IV, p. 205.) — Voir ci-dessus, p. 58.

XVI

(... 1063). — Réponse de Gervais, archevêque de Reims, à la lettre ci-dessus.

(Fragment publié par Duchesne : *Historiae Francorum scriptores*... Tome IV, p. 207.) — Voir ci-dessus, p. 58.

XVII

(... 1067). — Diplôme du même roi Philippe Ier, en faveur des moines de Fleury.

(La *Gallia Christiana*, Tome X, Preuve, col. 205,

cite ce document et mentionne que la reine Anne y accéda.) — Voir ci-dessus, p. 59.

XVIII

(... 1069). — Autre diplôme du même Philippe Ier, donné en faveur de l'abbaye Saint-Vincent de Senlis.

« ... *quod mater mea nomine Anna, divinâ inspirante clementia cumpuncta mei presentiam supplici devotione addiit materno affectu obnisce deprecans et postulans...* »

(Publié dans la *Gallia Christiana*, Tome X, Preuves, col. 205.) — Voir ci-dessus, p. 59.

XIX

(... 1069). — Charte de Raoul, comte de Valois, de Crespy, d'Amiens, etc., donnée au Chapitre Notre-Dame d'Amiens.

« *Haec autem cartula meâ manu, atque uxoris meae Anne, nec non Simonis filii mei...* » Et la subscription porte : « *Radulphus comes : Anna uxor ejus... Simon comitis filius...* »

(Publiée dans Duchesne : *Histoire Généalogique des Maisons de Guines... et de Coucy*. Paris, 1631, in-fol. Preuves, p. 316 et dans le *Recueil des Historiens*, Tome XI. p. 433).

XX

(... 1075). — Vidimus donné par le roi Philippe Ier, de la Charte de fondation du monastère de Notre-Dame de Pontlevoy, en 1035.

« ... *Signum Annae matris Philippi regis...* »

(Publié dans la *Gallia Christiana*, Tome VIII, Preuves, col. 413.) — Voir ci-dessus, p. 61.

EXPLICATION DES FIGURES

FRONTISPICE, PAGE 3.

Portrait de la reine *Anne de Russie* par JACQUES DE BIE (XVIIe siècle).

Il est superflu de dire que ce portrait est de pure fantaisie, et nous ne le donnons ici qu'à titre de pure curiosité et parce que c'est le plus ancien document iconographique concernant notre héroïne, que possède notre Bibliothèque Nationale. On remarquera, d'ailleurs, l'incohérence des renseignements que fournit cette gravure. Dans la légende autour de la figure, la reine est appelée Adélaïde (ADELAIS, REGINA FRANCIAE, HENRICI I REGIS UXOR), tandis que dans le cartouche inscrit sous cette figure on lit : AVINE (sans doute pour Anne) D'ESCLAVONIE, 2e ÉPOUSE DU ROY HENRI Ier.

Un autre tirage de cette gravure est souscrit de ce distique :

« *Anne, par un succès que le ciel a chéry,*
Eut le bien d'obtenir des princes à la France. »

On voit que la tradition a toujours attaché au souvenir de la reine Anne de Russie celui de la perpétuité de la race Capétienne, par le mérite de son heureuse fécondité.

PAGE 19.

Portrait d'Henri Ier, d'après un sceau conservé autrefois à l'abbaye de Saint-Germain-des-Prés sur un titre de l'année 1058. Gravure de JACQUES DE BIE (XVIIe siècle).

Le sceau d'après lequel a été dessinée au XVIIe siècle l'effigie que nous reproduisons ici peut être le même, bien que les dates des actes sur lesquels ils sont appliqués soient différentes, que celui dont nous donnons le fac-simile dans cet opuscule. L'état de cette empreinte est, d'ailleurs, trop mauvais pour que nous puissions contrôler la ressemblance de ce que Jacques de Bie semble affirmer un peu ambitieusement être un portrait. Dans tous les cas, ce que nous savons des habitudes de nos dessinateurs et graveurs de l'époque dont il s'agit, nous permet de mettre en doute l'exactitude de la copie, et il ne faudrait pas donner à la figure que nous publions une valeur iconographique qu'elle n'a certainement pas.

PAGE 47.

Vue de l'Eglise de l'abbaye Saint-Vincent de Senlis, d'après une photographie de M. E. de ROZYCKI, à Senlis.

PAGE 63.

Portrait de Philippe Ier, d'après un sceau conservé autrefois à l'abbaye de Saint-Germain-des-Prés sur un titre de l'année 1082. — Gravure de JACQUES DE BIE (XVIIe siècle).

Il y a lieu de faire, sur cette figure, les mêmes observations et les mêmes réserves qu'en ce qui concerne l'effigie du roi Henri Ier (v. ci-dessus).

PAGE 83.

Fac-simile de la signature autographe en caractères slavons, de la reine Anne de Russie, sur une Charte de l'année 1063.

PAGE 93.

Fac-simile d'un sceau de Henri Ier, roi de France, conservé aux *Archives Nationales*, K 19, n° 1 *bis*.

Sceau rond de 72 millimètres. — Un roi assis sur un trône d'architecture, vu de face, la tête ceinte d'une couronne à trois fleurons, la barbe longue. Il est vêtu d'une tunique et d'un manteau attaché sur l'épaule droite et retombant en pointe sur la poitrine. Il tient à la main droite une espèce de fleur de lys, et à gauche un bâton ou sceptre. — Légende (1) :

HEINRIC DĪ GR̄A FRANCORV REX

(*Heinricus Dei gratia Francorum rex*)

Ce sceau est plaqué en cire brune sur la Charte de confirmation donnée à Paris, en 1035, par Henri Ier, des privilèges accordés par Clovis à l'abbaye de Sainte-Geneviève. (*Collection de Sceaux* de DOUET D'ARCQ, n° 32).

Ce sceau de Henri Ier, est le premier exemple connu de cette sorte de représentation sigillaire qu'on appelle *sceau de majesté*, laquelle depuis, a été employée par tous nos rois.

PAGE 103.

Fac-simile d'un sceau de Philippe Ier, roi de France, conservé aux *Archives Nationales*, K 20, n° 4.

(1) Cette légende est reproduite en caractères qui nous ont été obligeamment prêtés par l'Imprimerie Nationale.

Sceau rond de 74 millimètres. Sceau de majesté, en tout semblable au précédent que le graveur de celui-ci paraît avoir copié servilement. On peut même se demander à cause de l'état fruste de notre empreinte, si ce n'est pas le sceau de Henri Ier lui-même qui a servi à son fils, avec une simple modification de la légende.

Cette légende du sceau de Philippe Ier est ainsi libellée :

PHILIP9 DĪ GR̄A FRANCORV REX

(*Philipus Dei gratia Francorum rex*)

— Ce sceau est plaqué en cire brune sur une Charte du 1er août 1068, par laquelle le roi défend à l'évêque de Paris de toucher aux privilèges de l'abbaye de Saint-Denis en France. (*Coll. de Sceaux* de Douet d'Arcq, n° 33).

TABLE

FIGURES

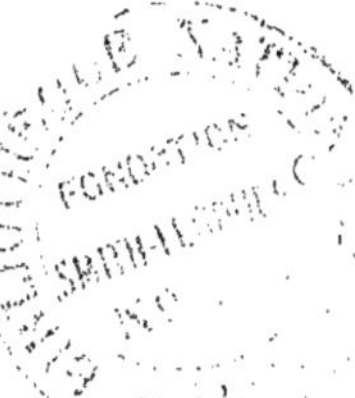

OUVRAGES DU MÊME AUTEUR

Mémoire sur l'Origine de la Ville et du Nom de Senlis. — Senlis, 1863. — In-8°.

La Langue latine étudiée dans l'Unité Indo-Européenne. — *Histoire, Grammaire, Lexique.* — Paris, 1868. — 1 vol. in-8°.

La Grande Voie romaine de Senlis à Beauvais et l'emplacement de Litanobriga. — Senlis, 1873. — In-8°, 2 cartes.

Indicateur de l'Archéologue et du Collectionneur (publié avec M. G. de Mortillet). — Paris, 1872-74. — 2 vol. in-8°, 280 fig.

Le Musée archéologique, *Recueil illustré de monuments, etc.*, publié avec la collaboration d'archéologues français et étrangers. — Paris, 1876-77. — 2 vol. grand in-8° avec fig.

Les Pays Sud-Slaves de l'Austro-Hongrie (*Croatie, Slavonie, Bosnie, Herzégovine, Dalmatie*). — Paris, 1883. — In-18 jésus, 58 gravures.

Les Intérêts français dans le Soudan Ethiopien. — Paris, 1884, — In-18 jésus, 3 cartes.

La France en Ethiopie : Histoire des Relations de la France avec l'Abyssinie chrétienne, sous les règnes de Louis XIII et de Louis XIV (1634-1706). — Paris, 1886, 1re édition. — In-18 jésus, avec carte. — Paris, 1892, 2e édition.

Recueil des Instructions données aux Ambassadeurs de France en Portugal, publié sous les auspices de la Commission des Archives Diplomatiques au Ministère des Affaires Etrangères. — Paris, 1886. — 1 vol. grand in-8°.

Arabes et Kabyles (Questions algériennes). — Paris, 1891. — In-18 jésus.

Note sur quelques Lécythes blancs d'Erétrie (Extrait des *Mémoires des Antiquaires de France*, Paris, 1893, in-8°).

Etc.; etc.

ACHEVÉ D'IMPRIMER

POUR

M. H. CHAMPION, LIBRAIRE

9, QUAI VOLTAIRE, 9

Le 1er Octobre 1896

SUR LES PRESSES DE LA

BIBLIOTHÈQUE UNIVERSELLE EN COULEURS

6, rue Duguay-Trouin, 6

PARIS

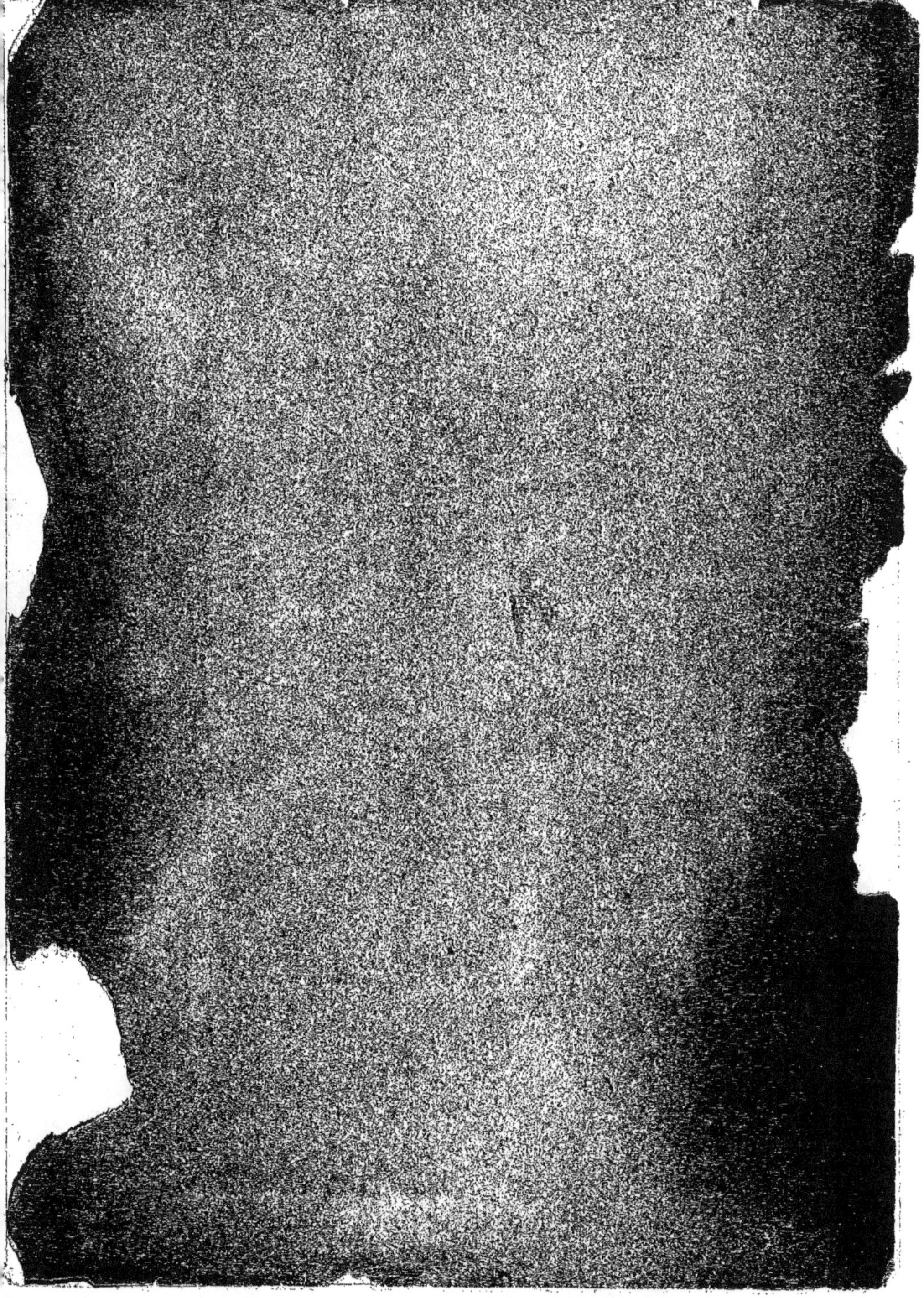

www.ingramcontent.com/pod-product-compliance
Lightning Source LLC
Chambersburg PA
CBHW071826090426
42737CB00012B/2191